AF297661

RAPPORT

FAIT À M. LE GARDE DES SCEAUX, MINISTRE DE LA JUSTICE, AU
NOM DE LA COMMISSION CHARGÉE D'EXAMINER LES MODIFICATIONS
A INTRODUIRE DANS LA LÉGISLATION RELATIVE AUX SOCIÉTÉS
ET A LA NÉGOCIATION DES VALEURS MOBILIÈRES [1].

Monsieur le Garde des Sceaux,

La commission constituée par votre arrêté du 14 février 1882
pour examiner les modifications à introduire dans la législation
relative aux sociétés et à la négociation des valeurs mobilières [2]
a décidé qu'elle s'occuperait tout d'abord du second de ces sujets.
Les questions législatives concernant la négociation des valeurs
mobilières sont plus simples, elles sont surtout moins nombreuses que celles qui touchent à la réforme des lois sur les
sociétés. Aussi peut-on espérer qu'on parviendra à les résoudre
plus promptement. En adoptant cet ordre dans ses travaux, la
Commission a cru répondre au vœu du gouvernement qui, pour
donner une satisfaction légitime à l'opinion publique surexcitée
par les derniers sinistres financiers, désire présenter le plus tôt
possible aux Chambres des projets de loi destinés à combler
des lacunes ou à remédier à des vices de notre législation que de

---

[1] M. Lyon-Caen, rapporteur.

[2] Cette commission est composée de MM. Bozérian, sénateur, *Président*;
Arnauld, professeur à la Faculté de droit de Toulouse; Baudelot, ancien président du tribunal de commerce de la Seine; Baudoin, président de Chambre
à la Cour de cassation (depuis la réduction de ce rapport, M. Baudoin a été
remplacé par M. Alfred Monod, conseiller à la Cour de cassation); Clamage-
ran, conseiller d'État; Durrieu, président de la société générale du Crédit
industriel et commercial; Ch. Ferry, député; Gay, directeur au ministère des
finances; Girard, directeur au ministère du commerce; Giraud, directeur
du comptoir d'escompte de Paris; Gonse, chef de division au ministère de
la justice, *Secrétaire*; Eug. Lecomte, agent de change près la Bourse de
Paris; Lœw, procureur de la République près le tribunal de la Seine; Lyon-
Caen, professeur à la Faculté de droit de Paris; Alph. Mallet, régent de la
Banque de France; Moreau, syndic des agents de change près la Bourse de
Paris; Pallain, directeur au ministère des finances; Vavasseur, avocat à la
Cour d'appel de Paris.

Secrétaires adjoints, MM. G. Bozérian, sous-chef de bureau et Paul Pinchon,
rédacteur au ministère de la justice.

récents événements ont soit fait apparaître, soit rendus plus sensibles.

Afin de suivre un ordre méthodique dans ses discussions, la Commission avait chargé deux de ses membres de préparer un questionnaire indiquant les principaux points à examiner. Ce questionnaire était ainsi conçu :

— *Y a-t-il lieu de décider que l'exception de jeu de l'article 1965 du Code civil ne doit pas être admise en matière de marchés à terme sur effets publics ou autres ?*

— *Les marchés à terme sur denrées et marchandises doivent-ils être traités comme les marchés à terme sur effets publics et autres ?*

— *Le bénéfice de cette innovation doit-il être appliqué même aux* marchés à prime ?

— *Faut-il, en conséquence, déclarer non applicables aux marchés à terme sur effets publics et autres :*

1º Les dispositions des anciens arrêts du Conseil de 1724, 1785 et 1786 ;

2º L'art. 15, chapitre Iᵉʳ, l'art. 4, chapitre II, de la loi du 28 vendémiaire an IV, et l'art. 13 de l'arrêté du 27 prairial an X ;

3º Les art. 85 troisième alinéa, 86 et 87 du Code de commerce ?

— *Faut-il abroger l'art. 89 du Code de commerce et l'article 404 du Code pénal ?*

— *Y a-t-il lieu d'imposer* légalement *à l'agent de change l'obligation d'exiger de ses clients qui font des marchés à terme, des garanties spéciales ?*

— *Peut-on en fixer la nature et l'importance ?*

— *Faut-il abroger les art. 421 et 422 du Code pénal ?*

— *Y a-t-il lieu, dans l'art. 419 du Code pénal, d'ajouter après la mention des* effets publics *les mots* et autres ?

D'après cette série de questions, les délibérations devaient porter presque exclusivement sur la modification ou sur l'abrogation des dispositions de nos lois régissant les *marchés à terme*. La Commission a concentré son attention sur ces marchés, bien que par l'arrêté ministériel qui l'a constituée, elle pût se croire autorisée à étudier toutes les questions législatives concernant les négociations des valeurs mobilières, au point de vue notamment de leurs conditions, des impôts auxquels elles sont soumises, des personnes par l'intermédiaire desquelles elles se font. La Commission a pensé que, dans l'intérêt même d'une prompte solution, elle devait restreindre l'objet de ses délibérations. C'est surtout à propos de la législation relative aux marchés à terme, telle qu'elle est interprétée par la jurisprudence, que de vives plaintes se sont élevées. C'est sur ce point spécial seul qu'une intervention du législateur paraît urgente.

Réduite aux marchés à terme, la tâche de la Commission était, du reste, suffisamment importante et difficile. Pour l'accomplir il ne lui a pas fallu moins de cinq longues séances.

La Commission vous doit, Monsieur le Ministre, compte de ses délibérations et des motifs du projet qu'elle à l'honneur de vous soumettre. Avant d'en faire l'exposé, il est indispensable de rappeler succinctement les précédents et surtout de constater l'état de la jurisprudence actuelle; c'est à elle que dans toutes ses discussions la Commission a dû nécessairement se référer.

La législation, qui régit les marchés à terme, depuis la mise en vigueur de nos Codes, est loin d'être certaine. Son incertitude ressort avec évidence des nombreuses variations de la jurisprudence des tribunaux chargés de l'interpréter. Nos lois n'ont subi depuis 1808, date de l'entrée en vigueur du Code de commerce, aucune modification en cette matière; cependant les changements de la jurisprudence ont été nombreux; elle n'a pas traversé moins de quatre phases successives.

Jusqu'en 1823, les Cours d'appels reconnaissaient qu'aucune loi en vigueur ne prohibait les marchés à terme même faits à découvert, c'est-à-dire sans remise préalable des titres ou des sommes entre les mains des agents de change [1]. On ne trouve pas durant cette période de trace de décision judiciaire ayant admis que les demandes relatives à l'exécution de ces marchés peuvent être paralysées par l'exception de jeu fondée sur l'article 1965 du Code civil.

Mais, en 1823, un revirement subit se produisit; la juris-

---

[1] Cour de Paris, 29 mai 1810.

prudence passa brusquement d'un extrême à un autre. Elle déclara nuls sans aucune distinction les marchés à terme faits à découvert. Cela revenait à frapper la plupart de ces opérations ; car le nombre des marchés à terme faits à couvert est relativement peu important. Il y avait, selon les arrêts de cette période, une sorte de présomption légale de jeu ou de pari excluant toute preuve contraire, qui s'appliquait aux marchés à terme faits sans remise préalable des titres ou des sommes.

Cette jurisprudence, qui trouva son expression la plus nette dans le célèbre arrêt rendu dans l'affaire Perdonnet et Forbin-Janson [1], s'appuyait sur ce que le Code de commerce, gardant le silence sur les marchés à terme, avait implicitement laissé en vigueur les anciens arrêts du Conseil d'État du Roi de 1724 [2], 1875 et 1786. Ces arrêts, dont le premier avait été rendu à la suite de l'effondrement du système de Law, prohibaient expressément et déclaraient nuls les marchés à terme faits *sur les effets royaux et autres quelconques*, Différents textes législatifs contenus soit dans la loi du 28 vendémiaire an IV sur la police de la Bourse, soit dans l'arrêté du 27 prairial an X concernant les Bourses de commerce, semblaient, du reste reproduire les prohibitions du droit ancien.

A l'appui de cette jurisprudence, on faisait remarquer que plusieurs dispositions du Code de commerce, particulièrement les articles 85, alin. 3 et 86, étaient incompatibles avec la reconnaissance légale des marchés à terme. L'article 86 défend aux agents de change de se rendre garants des marchés dans lesquels ils s'entremettent. Ce qui peut leur permettre d'échapper à cette garantie, c'est que, disait-on, ils ne doivent opérer qu'après avoir reçu de leurs clients les titres à vendre ou le prix de l'achat à faire. Cela n'a pas lieu dans les marchés à terme faits à découvert. Comme les clients auxquels le secret est dû [3], ne sont pas obligés

---

[1] Paris, 9 août 1823 ; Chambre civile, rejet, 11 août 1824.

[2] Le premier arrêt du Conseil rendait impossibles même les marchés à terme faits après remise des titres et des sommes, en exigeant que les agents de change exécutassent les marchés dans le jour de leur conclusion (art. 30 de l'arrêt de 1724).

[3] L'obligation des agents de change à cet égard est consacrée par l'art. 19 de l'arrêté du 27 prairial an X.

l'un envers l'autre, il faut bien que leurs intermédiaires soient garants du marché et courent les risques inhérents à cette garantie.

L'article 85, alin. 3 du Code de commerce, était aussi invoqué dans le même sens. Il défend aux agents de change de recevoir ou de payer pour le compte de leurs commettants. Cette prohibition ne peut assurément être prise à la lettre ; par cela même qu'ils opèrent en leur nom, les agents de change doivent recevoir le prix des titres qu'ils vendent, ou payer le prix de ceux qu'ils achètent. Cette disposition signifie seulement que les agents de change ne doivent pas faire d'avances à leurs clients, qu'ils ne sont d'après la loi, que des sortes d'agents de transmission chargés de transmettre soit de leurs clients à leurs confrères, soit de leurs confrères à leurs clients, les titres ou les sommes qui leur sont remis. La prohibition des avances était, disait-on en faveur de la jurisprudence, inconciliable avec les marchés à terme faits à découvert.

Cette jurisprudeuce rigoureuse, qui n'admettait d'autres opérations faites par les agents de change que les marchés au comptant, ne fut pas de longue durée. Dès 1832, de nombreux arrêts firent une distinction entre les vendeurs et les acheteurs. Ils admettaient que tous marchés à terme étaient nuls à l'égard des vendeurs qui n'avaient pas déposé par avance leurs titres ; mais ils constataient en même temps qu'aucune loi en vigueur ne défendait d'acheter des valeurs de Bourse sans dépôt préalable des sommes à payer [1]. En conséquence, dans les rapports entre les acheteurs et leurs agents de change, il était admis que les marchés à terme faits à découverts n'étaient pas prohibés. Seulement les tribunaux se reconnaissaient le pouvoir de décider, d'après les circonstances, que, pour l'acheteur, le marché n'était qu'un jeu, parce qu'il avait voulu, non se faire livrer des titres, mais spéculer sur la différence des cours. Si cette constatation était faite, toute action en justice était exclue dans les rapports entre l'agent de change et son client-acheteur en vertu de l'article 1965 du Code civil [2].

[1] Paris, 29 mars 1832 ; Paris, 9 juin 1836 ; Paris, 18 août 1842.

[2] Paris, 29 mars 1832.

Cette jurisprudence intermédiaire devait frayer la voie à une solution beaucoup plus favorable aux marchés à terme. Les Cours d'appel, à partir de 1848, ont consacré sans interruption une opinion que la Cour de cassation devait elle-même adopter par ses importants arrêts du 9 mai 1857 [1] et du 19 janvier 1860 [2]. Il est admis aujourd'hui par les tribunaux que les marchés à terme faits même à découvert ne sont pas prohibés par nos lois; mais que, s'il est reconnu qu'une opération ainsi qualifiée n'est qu'un véritable pari ou jeu, en vertu du principe général de l'article 1965 du Code civil, toute action en justice doit être refusée soit aux agents de change l'un contre l'autre, soit aux clients contre leurs agents, soit aux agents de change contre leurs clients.

Pour admettre que les marchés à terme faits à découvert par l'intermédiaire des agents de change ne sont plus prohibés, la jurisprudence a dû décider d'abord que les dispositions spéciales des arrêts du Conseil d'État du Roi et de la législation intermédiaire, qui défendaient ces marchés, ont cessé d'être en vigueur; puis que les dispositions soit de l'arrêté du 27 prairial, soit du Code de commerce, exigeant la remise préalable des titres et des sommes et défendant aux agents de change de se rendre garants des opérations, ou de faire des avances à leurs cliens, ne doivent être observées qu'autant que la nature même des marchés n'oppose pas à leur application un obstacle insurmontable.

La distinction entre les marchés à terme sérieux et les marchés fictifs est fondamentale dans la jurisprudence actuelle. Aussi, pour bien l'apprécier et apercevoir la cause des plaintes qu'elle a soulevées, il est utile de rappeler à quelles circonstances les tribunaux croient le plus souvent devoir s'attacher pour distinguer ces deux catégories d'opérations.

On ne saurait sur ce point trouver dans les décisions judiciaires une règle fixe. Il faut d'autant moins s'en étonner que, d'après la Cour de cassation, la détermination du caractère sérieux ou fictif de l'opération est une pure question de fait sur laquelle les Cours d'appel statuent souverainement [3]. En général, nos tribu-

---

[1] Chambre criminelle, rejet.

[2] Chambre criminelle, rejet (affaire dite des coulissiers).

[3] Chambre civile, 26 août 1868 ; Req. rej. 11 juillet 1870.

bunaux, pour résoudre cette question, recherchent quelle a été l'intention des parties au moment de l'opération. Quand il est reconnu qu'un client n'a pas eu l'intention de livrer des titres ou d'en recevoir livraison, l'agent de change réclamant le paiement d'une différence peut être repoussé par l'exception de jeu. Toutefois cela n'est admis qu'autant que l'agent de change peut être considéré comme ayant connu l'intention de son client [1]. On comprend combien il est difficile de résoudre ces deux questions d'intention du client et de bonne ou de mauvaise foi de son intermédiaire. Aussi généralement les tribunaux recherchent la preuve de l'intention des parties dans des circonstances extrinséques et parfois même postérieures à l'opération. Ainsi ils examinent si, eu égard à l'importance du marché, les parties avaient la possibilité d'exécuter l'opération par la livraison ou par le paiement ; ils déclarent l'exception de jeu recevable lorsqu'ils constatent une disproportion trop grande entre la fortune des parties et l'importance du marché [2], parfois ils s'attachent à leur profession [3] ou à leur habitude de liquider leurs opérations par le paiement de différences [4].

Il est incontestable que les tribunaux rejettent plus aisément l'action en justice dans les marchés à terme sur effets publics que dans les marchés à terme portant sur d'autres valeurs. Il est facile d'en apercevoir le motif. D'après les articles 421 et 422 du Code pénal, en certains cas, les marchés à terme sur effets publics constituent des paris que la loi érige en délits correctionnels. On peut même dire, par suite, que quand il est reconnu qu'un marché à terme sur effets publics est un pari, toute action en justice est non recevable moins en vertu de l'article 1965 qu'en vertu du principe plus général de l'article 1131 du Code civil qui déclare nulles les obligations ayant une cause illicite.

Toutes les juridictions sont loin d'admettre l'exception de jeu avec une égale facilité. Les tribunaux de commerce lui sont très défavorables. Les Cours d'appel se montrent plus faciles et, en

---

[1] Paris, 24 novembre 1877 ; Aix, 16 juin 1879.

[2] Paris, 29 janvier 1872.

[3] Jugement du tribunal de commerce de la Seine du 15 avril 1859.

[4] Paris, 2 mai 1869 ; Paris, 11 février 1870.

cette matière, elles infirment très souvent les décisions de la juridiction consulaire. Parmi les Cours d'appel elles-mêmes les tendances sont bien divergentes. Les unes font peser sur les marchés à terme, surtout quand ils portent sur des effets publics, une sorte de presomption légale de jeu que la preuve contraire seule peut détruire ; il en est qui vont jusqu'à considérer que l'exception de jeu est d'ordre public et qui, par suite, la suppléent d'office [1] ou la déclarent recevable en appel, alors même qu'elle n'aurait pas été opposée en première instance. D'autres Cours se montrent plus réservées et exigent que l'exception de jeu soit invoquée par l'une des parties [2].

Les jurisconsultes assez nombreux, qui ont écrit sur les opérations de Bourse, sont eux-mêmes en désaccord sur les questions relatives aux marchés à terme. Beaucoup approuvent la jurisprudence actuelle [3]. D'autres estiment que nos lois prohibent les marchés à terme et que, si elles étaient sainement interprétées, tous devraient être annulés, comme ils le furent par les tribunaux de 1823 à 1832 [4]. Enfin, selon une troisième opinion, la jurisprudence se méprend en appliquant l'art. 1965 du Code civil, les marchés à terme seraient toujours des opérations sérieuses, attendu que l'acheteur a toujours le droit d'exiger la livraison, même de devancer l'époque de l'arrivée du terme en usant de la faculté d'escompte [5]. Il importe de faire observer que tous les auteurs qui, à notre connaissance, ont écrit sur la matière, et,

[1] Paris (2e chambre), 13 mai 1873.

[2] Chambre civile (rejet), 6 avril 1869.

[3] Mollot, *Bourses de commerce*, n° 319; Buchère, *Des opérations de Bourse*, n°s 369 et suiv.;
Aubry et Rau, *Cours de droit civil*, t. IV, § 326, p. 578 et s. (4e édition);
P. Pont, *Petits contrats*, n°s 636 et suiv.; Laurent, *Principes de droit civil*, n°s 223 et s.

[4] Bozérian, *La Bourse, ses opérations et ses opérateurs*, t. I, n°s 255 et s.;
Bravard-Veyrières et Demangeat, *Traité de droit commercial*, II, p. 153 et s.

[5] Frémery, *Études de droit commercial*, p. 503 et suiv.; Leveillé, *Revue pratique de droit français*, 1866, t. XXV, p. 113 et s.; Guillard, *les opérations de bourse*, p. 233 et suiv.; Ambroise Rendu (père), *La Bourse et la Loi* (articles insérés dans le journal *le Droit* des 12 septembre et 8 octobre 1872). Ambroise Rendu (fils), *Le jeu, le pari et les marchés de Bourse* p. 368 et suiv. Badon-Pascal, *Des marchés à terme.*

avant tout, les partisans de la dernière opinion supposent que les marchés dont ils s'occupent sont conclus par l'intermédiaire des agents de change [1].

L'incertitude de la législation, les variations de la jurisprudence, les inconvénients attribués aux systèmes si divers, successivement admis par elle, ont souvent dans le passé attiré l'attention des pouvoirs publics. La légalité des marchés à terme et l'admission de l'exception de jeu en ce qui les concerne ont été à bien des reprises l'occasion de discussions dans les Chambres [2]. Plusieurs commissions extraparlementaires ont à différentes époques été constituées pour s'occuper de ces graves questions, sans qu'aucun gouvernement se soit décidé jusqu'ici à leur faire donner une solution définitive.

Lorsque ces questions ont été, notamment en 1843 et en 1856, portées devant des commissions spéciales, on s'est préoccupé du point de savoir si, pour les résoudre, une loi était indispensable ou s'il ne suffisait pas d'un acte du gouvernement. Les commissions de 1843 et de 1856 ont émis l'avis que le recours au pouvoir législatif n'était pas nécessaire, qu'à la rigueur il suffirait que le gouvernement se décidât à faire le règlement d'administration publique sur la négociation des valeurs mobilières prévu par l'art. 90 du Code de commerce; ce règlement fixerait les formes et les conditions d'exécution des marchés à terme dont la légalité serait ainsi mise hors de toute contestation sérieuse. Cette pensée était surtout dictée par la crainte des lenteurs qu'entraînent les discussions législatives.

La commission actuelle n'hésite pas, au contraire, à réclamer l'intervention du législateur. Un décret rendu sur l'avis du Conseil d'État ne pourrait assurément abroger ni les textes législatifs qui prohibent expressément les marchés à terme, (s'ils sont encore en vigueur), ni les dispositions du Code de commerce qui paraissent rendre ces opérations impossibles, ni les articles du Code pénal (art. 421 et 422) qui punissent, en certaines cir-

---

[1] Voir les citations de la note précédente.

[2] Voir notamment Chambre des Députés, séance du 27 janvier 1826 ; Séance du 31 janvier 1833 ; Sénat, séances des 25 et 27 février, 5 mars 1864.

constances, ces marchés quand ils ont pour objet des effets publics. Un décret ne pourrait pas non plus restreindre ni exclure l'application de l'art. 1965 du Code civil.

Les membres de la Commission ont decidé à l'unanimité qu'il y a lieu, dans la loi nouvelle, de reconnaître d'une façon expresse la légalité des marchés à terme, comme le fait d'ailleurs en principe la jurisprudence actuelle. On l'a dit bien souvent, et aucune voix ne s'est élevée dans la Commission pour y contredire, ces marchés sont indispensables au crédit de l'État, ils sont aussi d'une importance de premier ordre pour le placement des actions des grandes Sociétés financières et industrielles. Sans eux l'État n'aurait pu se procurer aussi facilement les sommes énormes dont il a eu parfois besoin pour exécuter de grands travaux publics, pour subvenir aux dépenses de guerres heureuses ou pour payer la rançon nécessaire à l'évacuation du territoire après les désastres du premier et du second Empire. Sans ces marchés, jamais on ne serait parvenu à réunir les capitaux considérables qu'exigeait la création de nos chemins de fer. Il importe que des opérations qui sont d'une telle utilité ne soient pas à la discrétion d'un revirement toujours possible de la jurisprudence. L'incertitude de la loi peut être l'un des plus sérieux obstacles au développement des affaires financières ou commerciales.

Il doit donc être bien établi que les marchés à terme faits à découvert ne sont nullement prohibés, qu'ils sont aussi licites que les marchés au comptant. Dans ce but il faut, en reconnaissant la légalité de ces opérations, abroger formellement tous les textes législatif du droit ancien, intermédiaire et actuel, qui souvent ont été invoqués pour les déclarer illégales et en faire prononcer la nullité.

L'article 1er, 1er alin., et les articles 2 et 3 du projet de la Commission répondent à cet ordre d'idées.

Art. 1er, 1er alinéa. — *Tous marchés à terme sur effets publics et autres..... sont reconnus légaux.*

La Commission a voulu par les mots *tous marchés à terme,* proclamer la légalité des différentes sortes de marchés à terme pratiqués dans les Bourses, marchés fermes, marchés libres ou à prime, reports.

Il est d'autant plus utile d'employer une expression très compréhensive, s'étendant à *tous* les marchés, que parfois on a essayé de soutenir que des motifs spéciaux doivent faire annuler les marchés à prime. On a prétendu qu'en droit ces marchés sont nuls comme étant subordonnés à une condition potestative pour l'acheteur (art. 1174, C. civ.)[1]. Cette interprétation n'a pas été admise par la jurisprudence[2] et la Commission a entendu la repousser. En réalité, il n'y a là des achats faits avec une faculté de dédit. L'acheteur ne peut donc se délier de son obligation au gré de son caprice en n'éprouvant aucun dommage. Les marchés à prime offrent même un certain avantage sur les marchés fermes : la perte y est nécessairement limitée à un maximum qui est le montant de la prime.

L'art. 3 du projet de la Commission prononce l'abrogation des textes invoqués comme prohibant les marchés à terme faits à découvert ou comme les rendant pratiquement impossibles.

Art. 3. — *Sont abrogées les dispositions des anciens arrêts du Conseil des 24 septembre 1724, août et octobre 1785 et 22 septembre 1786; les art. 15, chap. I; 4, chap. II de la loi du 28 vendémiaire an IV; 13 de l'arrêté du 27 prairial an X; les articles 85, al. 3 et 86 du Code de commerce.*

En demandant l'abrogation complète de l'art. 13 de l'arrêté du 27 prairial an X, des art. 85 al. 3 et 86 du Code de commerce, la Commission est sortie quelque peu du cercle des marchés à terme. On pourrait concevoir à la rigueur qu'on se bornât à abroger pour les seuls marchés à terme ces dispositions ayant pour but d'obliger les agents de change à n'opérer qu'après s'être fait remettre les titres ou les sommes. Mais il y a là des prescriptions fort gênantes même pour les marchés au comptant. En fait, l'agent de change qui a confiance dans son client opère pour lui au comptant sans aucune remise préalable ; cette manière de procéder semble même parfois s'imposer quand des ordres sont donnés à l'improviste des départements ou des pays étrangers. C'est aux agents de change à apprécier sous leur responsabilité s'ils doivent se faire remettre les titres ou les sommes ;

---

[1] Bozérian, *La Bourse, ses opérations et ses opérateurs*, I, nᵒˢ 303 et 304,
[2] Ch. des requêtes, rejet, 21 janvier 1878.

l'expérience prouve qu'en leur imposant à cet égard une obligation légale, on risque de produire un désaccord toujours fâcheux entre la pratique et la loi.

La Commission propose aussi à l'unanimité, dans l'art. 2 de son projet, d'abroger les art. 421 et 422 du Code pénal qui frappent de peines correctionnelles les paris sur la hausse ou la baisse des effets publics et considèrent en certains cas comme des paris de ce genre les marchés à terme à l'égard des vendeurs à découvert ou spéculateurs à la baisse. Ces dispositions sont de nature toute exceptionnelle. En général, si la loi refuse l'action en justice pour l'exécution des jeux ou des paris, du moins elle ne les punit pas comme délits. Aucune bonne raison ne peut être donnée pour justifier ces articles du Code pénal. On serait tenté sans doute de les croire fondés sur des motifs de moralité. Il n'en est rien. On s'en aperçoit facilement quand on remarque qu'ils frappent les opérations sur les effets publics et non celles qui ont pour objet les autres valeurs de Bourse devenues si nombreuses. Du reste, l'art. 422 n'a trait qu'aux spéculateurs à la baisse. Il y a là un reflet évident d'idées anciennes; on croyait autrefois indispensable au crédit de l'Etat de mettre obstacle à la baisse des fonds publics; Napoléon allait même jusqu'à considérer comme des ennemis du gouvernement ceux qui s'y livraient. Les idées économiques actuelles ont fait justice de ces craintes surannées.

Les art. 421 et 422 du Code pénal ont le grave inconvénient de jeter sur les marchés à terme une sorte de défaveur dont on trouve la trace fréquente dans les arrêts rendus à propos de marchés de ce genre portant sur des effets publics. Comment les tribunaux ne seraient-ils pas disposés à se refuser à ordonner l'exécution d'une opération qui semble toucher à un délit correctionnel?

L'abrogation de ces articles ferait cesser cette cause de défaveur pour les marchés à terme; elle n'aurait aucun inconvénient; car, depuis 25 ans, ces dispositions ont cessé d'être appliquées [1]. Leur existence dans notre législation produit même un résultat singulier. Les tribunaux admettent souvent l'exception

[1] Arrêt de la Chambre criminelle du 9 mai 1857.

de jeu en matière de marchés à terme sur effets publics, et pourtant le ministère public n'exerce pas de poursuites contre ceux qui, en invoquant avec succès cette exception, se dénoncent en quelque sorte eux-mêmes. Aussi a-t-on pu dire, non sans raison, qu'à consulter la jurisprudence, il semble y avoir des jenx de Bourse et non des joueurs.

Ayant reconnu le caractère licite des marchés à terme et réclamé l'abrogation de toutes les dispositions qui les prohibent ou leur paraissent contraires, la Commission devait-elle borner là ses propositions? En cas d'affirmative, la Commission aurait laissé aux tribunaux, sans leur indiquer aucune règle précise, le soin d'apprécier dans chaque espèce si l'exception de jeu est ou non admissible; la pratique actuelle aurait été simplement confirmée. La Commission pensait-elle, au contraire, qu'elle devait se préoccuper spécialement de l'exception de jeu? Il lui fallait alors déterminer si, en matière de marchés à terme, cette exception doit être exclue complètement, ou, seulement écartée sous certaines conditions.

Sur ces questions les avis ont été très partagés. Plusieurs membres ont soutenu qu'aucune innovation n'était désirable. La jurisprudence actuelle, ont-ils fait observer, ne refuse l'action en justice que quand il est reconnu que l'opération est fictive et doit se régler exclusivement par un paiement de différences. Cette jurisprudence n'est même pas trop rigoureuse à l'égard des intermédiaires; pour que l'exception de jeu leur soit opposable, il faut qu'ils aient connu l'intention de leur clients; il y a des cas où l'énormité de l'opération entreprise ne peut laisser de doute sur la mauvaise foi de l'intermédiaire. Veut-on admettre l'action en justice quand le marché est une opération fictive pour le client et que son agent de change l'a su? Il faut le dire expressément. Mais alors la logique exige qu'on aille plus loin, qu'on fasse ce que ne paraît encore avoir fait le législateur d'aucun État, ce qu'aucun membre de la Commission n'a proposé, il faut accorder à tous les jeux une sanction, rayer du Code civil l'article 1965. Y a-t-il donc entre les jeux de Bourse et les autres jeux des différences qui justifient un privilège accordé à ces derniers ? Nullement. Il y a d'abord cette différence qu'en général les opérations de Bourse, même fictives, ne se font pas directement entre les intéressés, mais qu'on recourt pour les conclure à des intermédiaires. C'est une différence de fait qui n'est pas suffisante pour motiver une différence de droit. Il y a, en outre, une autre différence, mais elle n'est certes pas à l'avantage des opérations de Bourse. Les jeux de Bourse offrent des dangers spéciaux ; ils donnent lieu, presque nécessairement, à des manœuvres frauduleuses destinées à influer sur les cours ; ils ont été dans le passé, et ils le seront toujours, la cause de désastres privés et publics. De tous les jeux, les plus dangereux sont ceux qui se déguisent sous l'apparence d'un marché à terme. On allègue qu'il est très difficile de distinguer le marché sérieux du marché fictif. Cela peut être vrai. Mais les tribunaux ne sont-ils pas là pour apprécier ? Ils ont journellement à résoudre des questions aussi délicates que celle-là et d'autant plus graves que parfois la liberté des individus en dépend. N'est-il pas, par exemple, souvent très difficile de déterminer si des faits frauduleux constituent une escroquerie véritable, ou ne sont qu'un simple délit civil donnant lieu à des dommages-intérêts ?

Il faut examiner froidement les choses. L'opinion publique est en ce moment sous le coup de l'impression vive que lui ont causée des faits récents. Cette impression se calmera peu à peu, et il est à craindre que, si l'on écarte l'exception de jeu, dans l'avenir, une réaction très vive se produise lorsque de petits spéculateurs, trop souvent excités au jeu par des intermédiaires peu scrupuleux, seront en grand nombre poursuivis en justice et que les ruines se produiront au grand jour.

Les partisans de cette opinion ont reconnu, du reste, qu'il est à désirer que l'exception de jeu soit difficilement admise ; ils pensent que ce résultat sera atteint par cela seul que la légalité des marchés à terme sera mise hors de doute et que les articles 421 422 du Code pénal auront disparu de notre législation.

Une opinion tout à fait opposée à la précédente s'est produite. Un grand nombre de membres ont soutenu qu'il faut déclarer l'exception de jeu absolument inadmissible en matière de marchés à terme. Pour préciser leur pensée, les partisans de cette opinion avaient adopté la formule suivante qui a été soumise au vote de la Commission : *Nul ne peut, pour se soustraire à l'exécution des obligations qui résultent des marchés à terme, se prévaloir de l'article 1965 du Code civil.*

En faveur de cette opinion, quelques membres ont d'abord dit qu'en réalité il n'y a pas de marchés fictifs de Bourse ; que l'acheteur a toujours le droit, si bon lui semble, d'exiger la livraison des titres, et qu'il peut même, grâce à la faculté d'escompte, le faire avant l'arrivée du terme. Par suite, quand le marché n'aboutit pas à une livraison faite au client acheteur ou par le client vendeur, c'est qu'il y a volontairement renoncé après le marché et qu'il a laissé s'opérer, ce qui est très légitime, jusqu'à due concurrence, une compensation entre le prix à payer ou à toucher par lui et le prix de la vente ou du rachat des titres faite à ses risques. Des parères célèbres des principaux banquiers et commerçants de Paris ont, notamment en 1824 et en 1842, constaté que dans toutes les opérations à termes les choses se passent ainsi [1].

[1] Le parère de 1824 fut rendu à propos du pourvoi formé contre l'arrêt de la Cour de Paris qui avait admis, dans l'affaire Forbin-Janson, que les marchés à terme faits à découvert étaient prohibés et frappés d'une sorte de présomption légale absolue de jeu. Voici quelques passages de ce parère, en tête duquel est placée la formule ordinaire de l'engagement écrit échangé entre les agents de change qui font des marchés à terme.

Formule d'engagement pour les marchés à terme d'effets publics
à la Bourse de Paris.

Fr. 10,000 de rente 5 0/0 à 100 f. 50 c., Fr. 201,000

Le 31 octobre prochain, ou plus tôt à volonté je transférerai à M..... la somme de dix mille francs de rente, 5 0/0 contre le paiement qu'il me fera de la somme de deux cent un mille francs.

Fait double à Paris ce

(Signé)

Paris, le 15 novembre 1824.

Nous, banquiers, négociants, commerçants et capitalistes soussignés,
Certifions :

1° Que la formule d'engagement énoncée ci-dessus est la seule en usage, pour les opérations faites à la Bourse, sous la désignation de marchés fermes ou opérations à terme.

2° Que, dans toutes ces opérations, sans en excepter aucune le vendeur seul accorde terme à l'acheteur et que celui-ci peut se faire livrer les effets par lui achetés à sa première réquisition.

D'ailleurs, même en admettant qu'il y ait des marchés fictifs il importerait d'écarter l'exception de jeu. Il n'y a pas de *criterium* bien net pour distinguer les marchés fictifs des marchés sérieux ; la question soumise aux tribunaux est insoluble. Comment distinguer, par exemple, entre l'acheteur qui n'a jamais entendu se faire livrer les titres et celui qui a eu cette intention à l'origine et qui, changeant d'avis, a préféré ensuite laisser revendre les titres à ses risques, et ne payer qu'une simple différence ? En donnant aux tribunaux à examiner de semblables questions, on leur confie une mission dans l'accomplissement de laquelle il est impossible qu'ils ne commettent pas les plus graves erreurs. Ils se trompent souvent en déclarant fictifs des marchés sérieux. Actuellement, pour faire la distinction, ils considèrent surtout la fortune de celui qui oppose l'exception de jeu, et, comme cette fortune ne peut être déterminée avec certitude, on en est arrivé à s'attacher à la fortune *apparente !* On tombe ainsi dans l'arbitraire

3° Que les marchés dont il s'agit se liquident par la livraison des effets vendus, soit qu'ils existent dans les mains du vendeur au moment où la livraison est exigée par l'acheteur, soit que le vendeur les fasse acheter pour en opérer la livraison.

4° Que, dans tous les cas, il y a toujours d'un côté l'achat d'une chose qui doit être payée et de l'autre la vente d'une chose qui doit être livrée, ce qui ne permet pas d'envisager ces sortes d'opérations comme des paris sur le cours des effets publics.....

Signé : J. Laffitte, Mallet frères, Perrier frères, Rougemont, de Lowemberg, Pillet Will, Guérin de Foncin, L. Durand, J. Lefèvre, Gontard, de Chapeaurouge, César Delapanouze, Chevalo, Ardoin-Hubbard, Oppermann, Mandrot, Thuret, Vassal, Jonas Hagermann, André Cottier, A Odier, J. A. Blanc Colin, Caccia, G. Odier et Cᵉ, Labat et Cᵉ, Paravey et Cᵉ.

Ce parère de 1824 a été confirmé purement et simplement par le parère suivant de 1842 :

Nous soussignés, banquiers et capitalistes, après avoir pris connaissance de la déclaration faite en 1824 par les principales maisons de la place de Paris, nous nous empressons de la confirmer de la manière la plus explicite et croyons devoir appeler l'attention du Ministère sur la difficulté et même l'impossibilité qu'éprouveraient les grandes opérations financières qui se rattachent au crédit public, si ce mode de négociation consacré par les habitudes et les nécessités de la place devait être entravé.

Paris, le 12 juin 1842.

Signé : Bagnenault, Hottinguer, de Rothschild, Fould, Ch. Laffitte et Blount, Callagham, de Goureuf, Ferrière Laffitte, Larieu, Lavareille.

et l'on risque de mettre obstacle même à la conclusion des marchés à terme sérieux dont la nécessité n'est plus contestée par personne. Sans doute le but des tribunaux, en appliquant l'exception de jeu en matière de marchés à terme, est fort louable en lui-même; ils ont voulu par là empêcher les spéculations excessives. Qui oserait prétendre que ce but ait été atteint? Peut-être, contrairement à l'intention si respectable des magistrats, ont-ils aidé au développement du mal qu'ils voulaient restreindre. La jurisprudence a contribué à étendre les abus de la spéculation; avec elle l'homme malhonnête peut jouer à coup sûr, puisque s'il gagne il exige le paiement de son agent de change et que, s'il perd, il se prévaut contre lui de l'exception de jeu. Il faut poursuivre le but que se sont proposé les tribunaux, mais en employant le moyen contraire; il faut admettre toujours l'action en justice; la crainte d'une condamnation publique agira comme un frein salutaire sur les personnes trop disposées au jeu et déterminera parfois les familles de spéculateurs insolvables à venir à leur secours en payant leurs dettes.

On a ajouté encore deux observations, l'une relative à la situation faite aux agents de change par l'admission de l'exception de jeu, l'autre concernant la portée attribuée par la jurisprudence à l'art. 1965 du Code civil.

Les agents de change sont placés dans une situation très difiéile qui peut avoir parfois pour leur clientèle les conséquences les plus fâcheuses. Leurs clients leur opposent l'exception de jeu, et pour eux, obligés envers leurs confrères ou envers d'autres clients, ils sont tenus d'exécuter leurs engagements. Les règlements de leur profession les empêchent de faire usage de l'arme de l'art. 1965 du Code civil. Comment cela ne compromettrait-il pas gravement les intérêts des agents de change et, par contre-coup, ceux mêmes de leurs clients qu'ils sont dans l'impossibilité de payer, parce qu'ils ne reçoivent pas ce qui leur est dû? La solidarité des agents de change peut remédier au mal; mais c'est un remède (un exemple récent le prouve) qui ne peut être employé partout et qui, il ne faut pas l'oublier, ne saurait être imposé aux chambres syndicales.

Enfin on peut douter beaucoup que les rédacteurs du Code

civil aient, en rédigeant l'art. 1965, songé aux opérations de Bourse. Ces opérations étaient peu répandues en 1804. D'ailleurs il paraît même résulter des travaux préparatoires du Code qu'on n'a pensé qu'aux exercices de récréation auxquels on joue de l'argent [1].

Cette solution absolue a été soumise déjà à la Chambre des Députés par plusieurs propositions de loi [2]. C'est en sa faveur que récemment la Chambre de Commerce de Paris a émis un avis qui a été transmis à M. le Ministre du Commerce. La Commission elle-même a reçu des délibérations dans le même sens, émanant de Chambres de Commerce ou de Chambres syndicales d'agents de change [3] de plusieurs villes des départements.

A la majorité de 10 voix contre 3, la Commission a repoussé la première opinion et décidé, en conséquence, que la loi nouvelle devrait s'occuper de l'admissibilité de l'exception de jeu. Elle a rejeté aussi une proposition, qui, en consacrant expressément le droit absolu d'appréciation des tribunaux, se bornait, pour rendre l'exception de jeu plus rare, à autoriser l'affichage à la Bourse des noms des personnes ayant fait usage de cette exception et à donner aux agents de change le droit si souvent contesté de conserver les couvertures pour se payer des différences. Enfin, sur la question de savoir s'il y avait lieu de décider, en termes

[1] On cite spécialement dans ce sens les passages suivants :

« En refusant, en général, toute action pour promesses contractées au « jeu, nous avons excepté de cette disposition les engagements et les pro- « messes qui ont leur source dans les jeux d'adresse et d'exercice. » (Exposé des motifs du titre des contrats aléatoires, par Portalis).

« Le jeu, ce ministre aveugle et forcené du hasard, qui place entre deux « hommes sur un tas d'or, la plus épouvantable alternative, le bonheur ou « l'adversité, la fortune ou la misère, ne mérite pas la protection que la loi « doit aux conventions ordinaires. » (Discours du tribun Duveyrier devant le Corps législatif.)

« Comment tolérer, dans une société bien ordonnée, que les citoyens met- « tent leur fortune au hasard d'un coup de dé ? » (Rapport fait au Tribunat par Siméon).

[2] Propositions de loi de M. Alfred Naquet et de M. Janvier de la Motte, déposées les 6 et 13 février 1882.

[3] Chambres de commerce de Lyon, de Marseille, de Troyes. — La Chambre de commerce de Toulouse se borne à réclamer la reconnaissance des marchés à terme et l'abrogation des art. 421 et 422 du Code pénal.

absolus, « *que nul ne peut, pour se soustraire à l'exécution des obligations résultant des marchés à terme, se prévaloir de l'article 1965 du Code Civil* », la Commission a été partagée. 9 voix s'étant prononcées pour et 9 voix contre, la proposition a dû être considérée comme repoussée.

La Commission n'a donc pas voulu, en s'abstenant de poser dans son projet une règle précise, laisser aux tribunaux le pouvoir d'apprécier, comme par le passé, si l'exception de jeu doit ou non être admise ; elle n'a pas voulu non plus exclure, d'une façon absolue, l'application de l'article 1965 du Code civil à toutes les opérations qualifiées par les parties de marchés à terme. Il fallait, par suite, rechercher une solution intérmédiaire qui, sans écarter complètement l'exception de jeu, déterminerait les conditions de son exclusion.

Les raisons qui ont empêché les membres de la Commission de s'arrêter à une des deux opinions extrêmes doivent être reproduites. La jurisprudence actuelle manque de règle fixe pour se guider dans l'appréciation des opérations litigieuses. De là naît le mal dont on se plaint avec grande raison ; de là vient que trop souvent des marchés à terme sérieux ont été déclarés fictifs, et que des hommes malhonnêtes ont invoqué avec succès l'exception de jeu à l'occasion d'opérations qui étaient de véritables ventes à terme. Mais le remède radical qu'on propose aurait de graves inconvénients. Il est, de plus, contraire aux principes généraux de notre législation ; et, d'ailleurs, en y regardant de près, la formule proposée à la Commission laisserait intact aux tribunaux le pouvoir d'appréciation, dont l'exercice a, malgré les excellentes intentions et les lumières des magistrats, donné lieu à tant d'erreurs et favorisé si souvent, en fait, la mauvaise foi.

Il n'est pas possible d'ériger en présomption légale absolue qu'une opération ne constitue pas un jeu, par cela seul qu'elle a été qualifiée du nom de marché à terme. Autrement, rien n'empêcherait de faire un véritable pari sur la hausse ou la baisse et, pour se procurer une action en justice, de lui donner la forme d'un marché à terme. Les tribunaux doivent toujours avoir le droit de constater qu'un acte a été simulé, pour se soustraire à la loi. Ne les voit-on pas, par exemple, quelquefois déclarer qu'un contrat passé devant notaires et qualifié de vente est, en réalité, une donation et doit être annulé, en tout ou en partie, comme portant atteinte à la réserve, ou comme conclu avec une personne incapable de recevoir à titre gratuit?

Les tribunaux peuvent rechercher la nature véritable des opérations qui leur sont soumises, quels que soient la forme et le nom sous lesquels elles se produisent. On ne voit pas pourquoi on leur enlèverait ce pouvoir, quand il s'agit d'opérations qualifiées par les parties de marchés à terme. On a souvent demandé qu'on fît rentrer les marchés à terme dans le droit commun; c'est ce que veut aussi la Commission. Mais, en attribuant à la seule qualification de marchés à terme donnée à des opérations l'effet de supprimer le droit légitime d'investigation des magistrats, on apporterait une dérogation exorbitante au droit commun; on créerait un véritable privilége, grâce auquel il serait facile d'exercer, contrairement à l'art. 1965, une action en justice pour l'exécution d'un pari caractérisé.

Allèguera-t-on que l'intervention des agents de change, officier ministériels nommés par le gouvernement, est une garantie contre les simulations qu'on redoute? Mais, outre que, dans les corporations les plus honorables, on rencontre des membres disposés à se soustraire à la loi quand ils y ont intérêt, il ne faut pas oublier qu'aujourd'hui beaucoup d'opérations sur des valeurs mobilières sont faites par des intermédiaires sans caractère officiel.

On prétend que les rédacteurs du Code civil n'ont pas pensé aux opérations qualifiées, dans l'usage, de jeux de bourse. Cela est probable, mais ne prouve rien. Ils n'ont pas eu en vue telle espèce de jeu ou de pari; ils ont voulu exclure l'action en justice pour toutes les opérations réunissant les caractères du jeu ou du pari qui étaient pratiquées de leur temps ou qui pourraient l'être par la suite.

Du reste, si l'on se bornait à déclarer dans une loi, comme on l'a proposé à la Commission, que l'exception de jeu ne peut être invoquée, quand il s'agit de l'exécution d'un marché à terme, on n'aurait, en réalité, rien fait. Les tribunaux jouiraient d'une liberté absolue, pour décider que cette exception est recevable, parce que l'opération ne réunit pas les conditions constitutives du marché à terme [1].

La Commission, penchant vers une solution intermédiaire, n'avait que deux manières de procéder : elle devait, ou indiquer certaines conditions matérielles, dont la réunion aurait pour conséquence de faire écarter nécessairement l'exception de jeu, ou donner dans la loi même une définition, à laquelle les tribunaux auront à se référer, pour reconnaître le véritable marché à terme, en présence duquel l'exception de jeu devra toujours être exclue.

C'est en s'inspirant de ces idées que plusieurs membres de la Commission lui ont soumis différentes propositions.

Il avait été indiqué que peut-être on pourrait se borner à écarter l'exception de jeu entre commerçants. C'est entre eux que le refus d'action est le plus choquant. Mais on n'a pas insisté sur cette proposition. Pour la combattre, on a observé que l'opinion publique est soulevée précisément contre les non-commerçants qui, en très grand nombre, font des opérations à la Bourse et refusent ensuite de payer leurs dettes, quand la chance leur a été défavorable.

Deux autres propositions presque semblables ont été ensuite présentées. D'après l'une, l'exception de jeu aurait été écartée pour toutes les opérations conclues par les agents de change dans les formes et sous les conditions prescrites par les règlements faits ou à faire. D'après l'autre, il en serait ainsi pour toutes les opérations faites conformément aux règlements, sans qu'il y eût à s'occuper de la qualité des intermédiaires.

La Commission a refusé de prendre ces propositions en considération. Il n'y a pas lieu de constituer une sorte de privilége d'un nouveau genre au profit des agents de change, en attribuant à leur seule intervention l'effet d'enlever aux tribunaux le droit de rechercher la nature véritable des opérations. Les motifs de moralité ou de sécurité pour les affaires invoqués contre l'admission de l'exception de jeu sont les mêmes, que les opérations

---

[1] Cette observation s'applique au texte de la proposition de la Chambre de commerce de Paris et aux propositions d'initiative parlementaire mentionnées plus haut.

aient été conclues ou non par des agents de change. Il ne faut pas oublier, comme cela a déjà été constaté plus haut, qu'un grand nombre de négociations sont faites aujourd'hui par des intermédiaires non officiels. Sans doute, d'après la jurisprudence la plus récente, les négociations faites par eux sont nulles [1] et, en conséquence, toute action en justice est refusée pour leur exécution, lorsqu'elles portent sur des valeurs rentrant dans le monopole des agents de change. Il n'y a pas, selon cette jurisprudence, à examiner alors si le marché est fictif; l'opération est nulle, parce qu'elle constitue une usurpation de fonctions publiques. Mais l'exception de jeu seule reprend son empire lorsque les opérations de ces intermédiaires ont pour objet des valeurs qui ne sont pas *succeptibles d'être cotées*, dans le sens de l'article 76 du Code de commerce.

Ce n'est pas tout; la Commission pense, pour des motifs qui seront indiqués plus bas, qu'il faut traiter de la même manière que les marchés à terme, les marchés à livrer sur denrées ou marchandises. Or, pour ces derniers marchés, il n'y a plus d'intermédiaires officiels depuis la suppression du monopole des courtiers de marchandises. Souvent même ces marchés se font directement entre les intéressés. Il est vrai que, dans une note remise à la Commission, il a été demandé que les courtiers assermentés ou inscrits fussent seuls investis dorénavant du droit de servir d'intermédiaires dans les marchés à terme. La Commission n'a pas pensé que cette motion fût digne d'examen. En l'adoptant, on rétablirait, au moins en partie, un monopole dont la suppression a été généralement considérée comme un bienfait.

La Commission ne croit pas non plus qu'il y ait lieu de subordonner l'exclusion de l'exception de jeu à l'observation des formes et conditions prescrites par les règlements pour la conclusion des marchés. Il n'y a, en effet, et il ne peut y avoir, des règlements que pour les marchés faits par les agents de

---

[1] Chambre des requêtes, rejet, 28 février 1881. — Cette jurisprudence que nous n'avons pas à apprécier ici se fonde sur l'art. 7 de l'arrêté du 27 prairial an X, ainsi conçu : « Conformément à l'art. 7 de la loi du « 28 ventôse an IX, toutes négociations faites par des intermédiaires sans « qualité sont déclarées nulles. »

change. Tous les autres marchés se font avec une liberté absolue et se concluent même aussi bien hors de la Bourse qu'à la Bourse.

Il ne faut, par suite, faire dépendre la non-admissibilité de l'exception de jeu ni de l'emploi de certains intermédiaires ni de l'observation de certaines formes ni du lieu dans lequel les marchés sont conclus ; mais, par une sorte de définition à insérer dans la loi, on doit poser une règle générale destinée à indiquer aux magistrats sur quel point essentiel doit se concentrer leur examen, quand l'exception de jeu est invoquée devant eux.

La Commission est d'avis qu'une solution identique doit être admise pour les marchés à livrer, ou marchés à terme portant sur des denrées ou des marchandises. Ces marchés se font en grand nombre, particulièrement sur les blés, les sucres, les huiles, les alcools, etc... Les hommes les plus autorisés reconnaissent qu'ils sont indispensables au fonctionnement des affaires. Sans eux, il serait souvent difficile de pourvoir aux approvisionnements des armées et même de la population civile. Du reste, il n'a jamais été soutenu que ces marchés fussent prohibés par nos lois. Les anciens textes invoqués contre les marchés à terme n'ont pas trait aux marchés à livrer sur denrées ou marchandises. Tout au plus a-t-on parfois prétendu, pour les motifs indiqués plus haut, que ces marchés sont nuls quand ils sont faits à prime. Mais les tribunaux admettent l'exception de jeu dans les cas où ils reconnaissent que les marchés à livrer sont fictifs ; à cet égard, ils traitent ces marchés comme les marchés à terme. L'application de l'article 1965 du Code civil aux marchés à livrer, le défaut de précision de la jurisprudence soulèvent les mêmes critiques.

En conséquence, la Commission a adopté un projet d'article 1er, qui est ainsi conçu :

Tous marchés à terme sur effets publics et autres et tous marchés à livrer sur denrées et marchandises sont reconnus légaux.

Nul ne peut, pour se soustraire aux obligations qui en résultent, se prévaloir de l'article 1965 du Code civil, lorsque l'acheteur a le droit d'exiger la livraison, ou lorsque le vendeur a le droit de l'imposer.

Sur le premier alinéa, qui a été voté à l'unanimité, et dont la portée a déjà été expliquée, à propos de la suppression des prohibitions légales relatives aux marchés à terme, nous nous bornerons à faire observer que les marchés à livrer n'y ont été compris, pour les déclarer légaux, qu'afin d'écarter toute espèce de doute, dans l'avenir, sur le caractère licite des marchés à prime.

Mais le second alinéa de l'article premier de la Commission a la même importance pour les marchés à terme et pour les marchés à livrer. Il a trait à l'exception de jeu. Il a été voté à la majorité de 15 voix contre 3. Quelques explications ne seront pas inutiles pour indiquer son sens précis.

Afin de mieux expliquer la pensée de la majorité, nous devons parler séparément, à raison de la manière différente dont ils se concluent, des marchés sur effets publics et autres et des marchés sur denrées et marchandises. Nous supposons, pour les premiers, qu'ils sont faits par l'intermédiaire des agents de change ; c'est là le cas le plus usuel et le plus important.

Comment les choses se passent-elles en fait? L'exception de jeu n'est invoquée ni entre agents de change, ni par les agents de change contre les clients, mais bien contre les agents de change par leurs clients. Ainsi, lorsque l'époque de la liquidation est arrivée, le client acheteur ne se fait pas livrer les titres par son agent de change, ou le client vendeur ne les livre pas ; l'agent de change revend alors les titres ou les rachète à la charge de son client, et, si les cours ont baissé, dans le premier cas, ou ont haussé, dans le second, l'agent de change réclame le payement de la différence. C'est toujours dans ces circonstances et entre ces personnes que l'exception de jeu est opposée. Elle l'est donc, non par le vendeur à l'acheteur, ou par l'acheteur au vendeur, mais par le mandant à celui auquel il a donné mandat de vendre ou d'acheter. Aussi pour apprécier la nature de l'opération, il faut, comme le font, du reste, toujours avec raison les tribunaux, considérer ce qui s'est passé entre chaque agent de change et son client, sans se préoccuper de ce qu'a pu faire l'agent de change lui-même avec un confrère.

On a souvent allégué, nous l'avons constaté précédemment, contre l'application de l'exception de jeu, que, dans toute opération qualifiée de marché à terme, le client acheteur a le droit d'exiger la livraison de son agent de change, et que le client vendeur peut l'imposer à celui qu'il a pris comme intermédiaire. On en conclut que, lorsque la livraison n'a pas lieu entre clients et agents de change, ce n'est jamais en vertu d'une entente antérieure ou concomitante à l'ordre donné, mais en vertu d'un parti pris postérieurement par les clients, qui n'ont pas soit voulu, soit pu faire ou exiger, lors de la liquidation, la remise des titres.

La Commission croit qu'il y a, dans ces observations, une large part de vérité : il importe de mettre obstacle à l'application de l'article 1965 quand l'opération réunit, dès le principe, les caractères qu'en généralisant un peu trop on attribue nécessairement à toutes les opérations qualifiées de marchés à terme. Il faut bien s'entendre sur le sens de cette expression. Les marchés à terme ne sont pas autre chose que des ventes à terme ; ils doivent donc impliquer le droit, pour l'acheteur, d'exiger la livraison, ou celui, pour le vendeur, d'obliger à la recevoir. Quand l'un de ces deux droits existe à l'origine, il y a une véritable vente ; l'opération n'est pas un jeu, encore que le vendeur ou l'acheteur n'en use pas. Peu importe que, pour un motif quelconque, il ne plaise pas à une partie d'exécuter le marché, ou qu'elle n'en ait pas la possibilité matérielle ; peu importe que, par suite d'une compensation opérée entre marchés faits en sens contraire, la livraison ne soit pas effectuée et que tout se termine par un payement de différences. Un fait postérieur ne peut modifier la nature d'une opération. C'est là l'idée que la Commission a exprimée, en déclarant, dans le second alinéa de l'article 1er de son projet, que l'exception de jeu ne peut être opposée, pour se soustraire à l'exécution des obligations résultant d'un marché à terme, *quand l'acheteur a le droit d'exiger la livraison, ou que le vendeur a le droit de l'imposer.* Les tribunaux devront donc, en laissant de côté ce qui a pu se passer par la suite, examiner en considérant les choses à l'origine (c'est-à-dire au moment où l'ordre a été donné), si le client qui se prévaut de l'article 1965 du Code civil avait bien le droit (s'il est acheteur) d'exiger la livraison de son agent de change, ou (s'il est vendeur) celui de l'obliger à recevoir les titres. Pour que ces droits n'existent pas, il faut qu'il n'y ait que l'apparence d'un marché à terme. C'est là ce qui aurait lieu, si les parties étaient convenues qu'en aucun cas la livraison n'aura lieu, en sorte que le résultat ne pourra être qu'un payement de différences.

Alors, l'obligation de livrer, ou celle de recevoir la livraison, sans laquelle il n'y a pas de vente, n'aurait réellement jamais pris naissance. Des cas de ce genre, nous le reconnaissons, sont fort rares ; mais on ne saurait affirmer qu'ils ne se présentént jamais. Ceux-là mêmes qui les déclarent fort peu pratiques (ou même impossibles) quand il s'agit d'opérations faites par les agents de change, reconnaissent qu'ils se présentent parfois pour les opérations qui sont conclues par des intermédiaires non officiels, ou sans aucun intermédiaire [1].

Ainsi, en présence d'une violation flagrante de la loi, d'une preuve manifeste de simulation, les tribunaux ne seront pas contraints de sanctionner cette violation, comme ils le seraient, si la seule qualification de marché à terme donnée à une opération leur enlevait tout droit d'investigation. Il faut seulement délimiter ce droit dans la mesure du possible ; c'est ce que la Commission pense avoir fait.

Le projet condamne implicitement le système, trop souvent appliqué, qui consiste à considérer exclusivement la fortune des parties pour apprécier si leur opération a été sérieuse. La disproportion entre cette fortune et l'importance des opérations peut être un obstacle à l'exécution du marché ; mais c'est là un simple obstacle de fait, n'impliquant pas nécessairement que la personne qui a fait une spéculation excessive n'a pas le droit de livrer des titres ou de se les faire livrer. Il est d'autant plus mauvais de s'attacher à cet obstacle qu'il n'est pas insurmontable. D'abord, en empruntant, une personne peut parvenir à exécuter une opération qui excède de beaucoup ses propres moyens. Puis, il faut tenir compte de ce que celui qui achète une grande quantité de titres peut, en les revendant, se procurer tout ou partie du prix qu'il a à payer. D'ailleurs, de ce que la personne

---

[1] Consulter sur ce point Frémery, *Études de droit commercial*, p. 494 et 507 ; Ambroise Rendu (fils), *Du jeu, du pari et des marchés de bourse*, p. 400.

qui se livre à des spéculations en disproportion avec sa fortune fait un acte blâmable au point de vue d'une morale rigoureuse, on ne peut, sans dénaturer le sens naturel et légal des mots, conclure que ces opérations ne sont que des paris ou des jeux.

Tout ce qui vient d'être dit sera vrai également, soit pour les opérations qualifiées de marchés à terme ou à livrer conclues par des intermédiaires autres que les agents de change, soit pour les marchés faits sans intermédiaires, comme le sont très souvent les marchés à livrer sur denrées ou marchandises. Dans le dernier cas, la situation est plus simple, les deux parties intéressées sont en présence : il est plus facile de concevoir que, pou-échapper à l'article 1965 du Code civil, on donne à l'opération la qualification de marché à terme, tout en convenant que jamais une livraison ne sera opérée.

Il n'est pas utile de s'occuper en détail des différents marchés à livrer. Ces marchés sont d'une variété bien plus grande que les marchés à terme. Ainsi, dans les usages de la place de Paris, on connaît, outre les marchés à prime pour l'acheteur, semblables aux marchés de Bourse du même nom, les marchés à prime pour le vendeur, dans lesquels le vendeur peut, à son choix, ou obliger l'acheteur à recevoir la livraison ou abandonner la prime ; les marchés dits à double prime, dans lesquels, moyennant une somme double du montant de la prime ordinaire, l'une des parties peut, lors de l'arrivée du terme et pour le prix fixé à l'avance, ou se faire livrer, ou au contraire, livrer elle-même la quantité de marchandises convenue, si elle ne préfère abandonner la prime. Quelles que soient les clauses spéciales des marchés à livrer, la règle à observer par le juge doit être la même.

En résumé, la Commission, par son projet, fait rentrer complètement les marchés à terme dans le droit commun. Elle demande la suppression des dispositions du Code pénal qui dans certaines circonstances frappent les marchés à terme sur effets publics de peines correctionnelles ; elle réclame l'abrogation des nombreux articles de lois qui prohibent les marchés à terme faits à découvert ou qui, pris à la lettre, les rendent impossibles. Sans doute, le projet de la Commission n'enlève pas aux tribunaux le droit de déclarer simulées les opérations qualifiées par les parties de marchés à terme et d'admettre, en conséquence, l'exception de jeu ; mais il n'y a encore là qu'une application des principes du droit commun. Comme nous l'avons déjà dit, les magistrats ont, en toute matière, le pouvoir de reconnaître qu'une opération a été simulée pour échapper à la loi et de lui restituer son caractère réel.

On doit reconnaître qu'ils jouiront d'une certaine liberté dans l'appréciation des moyens de preuve proposés par ceux qui prétendront qu'on a revêtu de la forme d'un marché à terme une opération n'impliquant aucunement l'obligation de livrer. Cette liberté résulte elle-même de principes généraux du droit auxquels personne ne peut songer à déroger. Toutes les fois qu'on allègue que, pour tourner la loi, l'on a recouru à une simulation, tous les moyens de preuve sont admis, même les présomptions de l'homme ou indices (art. 1353, Code civil). Il serait évidemment déraisonnable d'exiger un écrit pour prouver la simulation ! Mais les tribunaux devront, en s'inspirant de l'esprit de la loi nouvelle, se montrer difficiles dans l'appréciation de la valeur des moyens de preuve produits pour démontrer que, malgré les apparences, il n'y a pas eu un marché à terme véritable. Il ne faut pas oublier que, du reste, d'après le Code civil lui-même, les présomptions doivent être graves, précises et concordantes (art. 1353, C. civ.). On arrivera ainsi à restreindre l'application de l'art. 1965 du Code civil aux opérations, relativement rares, qui n'auront du marché à terme que le nom, dans lesquelles il n'y aura pas eu, en réalité, de chose vendue.

La Commission doit faire mention d'une note que lui a adressée la Chambre syndicale des grains, graines, farines et huiles. Cette Chambre syndicale fait un exposé fort convaincant, et assurément fort exact, des immenses services rendus par les marchés à livrer portant sur les denrées dont elle s'occupe. Elle propose à la Commission d'insérer dans la loi nouvelle une disposition déclarant que l'article 1965 est inapplicable « aux opérations ayant pour objet l'achat et la vente à terme de valeurs de Bourse et de marchandises, alors même que le marché se résoudrait par une compensation ou par le paiement d'une différence..... »

La Commission n'a pu, à son grand regret, adopter cette rédaction. Sans doute, le paiement de différences ne doit pas, à lui seul, être considéré comme enlevant à l'opération le caractère de vente. Mais cela ne doit être admis qu'autant que ce mode de règlement ne résulte pas de ce que les parties sont convenues, lors de la conclusion du marché, de ne jamais faire la livraison. La rédaction proposée par la Chambre syndicale ne fait pas cette distinction, qui, dans la pensée de la Commission, est essentielle.

A ceux qui trouveraient que la Commission n'a pas adopté un système assez absolu, il sera facile de répondre, en citant l'exemple des nations étrangères. Sans doute, dans les principaux États européens, la fâcheuse incertitude qui, en France, règne, depuis si longtemps sur la légalité des marchés à terme n'existe pas ; ces marchés n'y sont certainement pas prohibés. Mais, nulle part, on n'a, sans aucune restriction, déclaré l'exception de jeu inadmissible, par cela seul qu'une demande en justice est intentée en vertu d'une opération que les parties ont qualifiée de marché à terme ou à livrer. Dans presque tous les États, la distinction entre les marchés sérieux et les marchés fictifs est admise : là où l'on a entendu l'écarter, on s'est, en général, borné à interdire l'admission de l'exception de jeu pour les opérations conclues à la Bourse, et, dans plusieurs pays, on a subordonné cette interdiction à l'observation de formes déterminées. Nous avons indiqué plus haut pourquoi la Commission a rejeté ces systèmes.

Il ne sera pas inutile de présenter ici un résumé des renseignements que la Commission a pu recueillir sur la législation de quelques États de l'Europe.

En *Suisse*, le canton de Genève a une loi spéciale. Cette loi, du 29 février 1860, décide que l'article 1965 du Code civil ne peut être interprété comme applicable aux marchés faits *à la Bourse de Genève* et enregistrés par les Commissaires de la Bourse. Du reste, cette loi ne sera plus longtemps en vigueur. Le Code fédéral Suisse des obligations qui, à partir du 1er janvier 1883, sera appliqué dans toute la Suisse, reconnaît expressément aux tribunaux le pouvoir d'admettre l'exception de jeu. L'article

512 de ce Code dispose : « Le jeu et le pari ne donnent lieu à aucune action en justice. Il en est de même de ceux des marchés à terme sur des marchandises ou valeurs de Bourse qui présentent les caractères du jeu ou du pari. »

En *Belgique*, le nouveau Code pénal de 1867 n'a pas reproduit les dispositions des articles 421 et 422 du Code pénal français. La loi du 30 décembre 1867, faisant partie du Code de commerce belge revisé, a rendu libre la profession d'agent de change et a abrogé toutes les anciennes dispositions des lois françaises prohibitives des marchés à terme. La jurisprudence belge admet en cette matière l'exception de jeu. Aussi, dans la discussion de la loi de 1867, il a été question d'écarter cette exception. A la Chambre des représentants, l'on a repoussé un article ainsi conçu : « Les marchés qui, sous la forme de ventes ou de tout autre contrat, ne contiennent que des obligations éventuelles de payer les différences des cours au terme convenu sont régis par les dispositions du Code civil sur les jeux et paris. » Il a été bien entendu qu'en écartant cette disposition, on voulait seulement renvoyer la solution de cette question à l'époque incertaine où il sera procédé à la révision du Code civil. Depuis 1867, la jurisprudence belge continue, par suite, à admettre l'exception de jeu, quand il est constaté que la commune intention des parties a été qu'il n'y ait pas de livraison effective.

En *Autriche*, la loi du 1er avril 1875, sur l'organisation des Bourses (art. 13) décide que « dans les procès relatifs à des opérations de Bourse l'exception tirée de ce que la demande est fondée sur une opération de différences constituant un jeu ou un pari n'est pas admissible. Mais l'article 12 de cette même loi indique ce qu'il faut comprendre sous le nom d'opérations de Bourse. Cet article considère « comme opérations de Bourse les opérations faites dans le local public de la Bourse, à l'heure fixée par la Bourse, sur les valeurs qui peuvent être négociées et cotées. »

D'après les renseignements communiqués à des membres de la Commission, ces dispositions auraient eu des résultats satisfaisants : le nombre des spéculateurs n'a peut-être pas diminué depuis 1875 ; mais on est parvenu, en reconnaissant comme obligatoires toutes les conventions faites en Bourse, à exclure, particulièrement de la Bourse de Vienne, un certain nombre de spéculateurs malhonnêtes.

En *Allemagne*, les marchés à terme sont partout licites, ainsi que cela résulte de l'article 357 du Code de Commerce allemand; mais il n'y a pas de loi commune à tout l'Empire sur l'admissibilité de l'exception de jeu.

Le Code civil saxon est la seule loi allemande qui statue sur la question. Il déclare formellement l'exception de jeu admissible, L'article 1582 de ce Code est ainsi conçu : « Est régi par les règles du jeu ou du pari le contrat en vertu duquel une des parties doit payer à l'autre la différence entre le prix déterminé d'une chose et le cours qu'elle a eu ou aura à une époque fixée. Cela s'applique spécialement à la vente à livrer qui n'a qu'en apparence pour but la livraison à une certaine époque, et dans laquelle le but réel des parties contractantes est seulement que la différence entre le prix convenu et le cours au terme apparent de livraison, soit bonifié par l'un des contractants à l'autre. »

Dans les États allemands autres que la Saxe, il n'y a pas de texte législatif sur ce point; mais, dans le droit commun de l'Allemagne, tel que l'interprètent en général les tribunaux, il est admis qu'un marché qualifié de marché à terme constitue un jeu, quand son caractère fictif est constaté. Seulement, les tribunaux allemands se montrent, en général, beaucoup plus difficiles pour l'admission de l'exception de jeu que les tribunaux français. Quelques-uns, et il en était ainsi du Tribunal supérieur de commerce de Leipzig, exigent qu'il soit prouvé qu'il y a eu convention entre les parties, dès l'origine, de n'opérer en aucun cas la livraison.

En *Italie*, jusqu'en 1874, les tribunaux admettaient, comme les tribunaux français, avec une grande facilité l'exception de jeu. En 1871, les Chambres de commerce italiennes, réunies en congrès à Naples, émirent le vœu que le nouveau Code de commerce rendît l'exception de jeu non admissible. Une loi du 14 juin 1874, remplacée par une loi du 13 septembre 1876, vint donner satisfaction à ce vœu. Cette loi a pour but de soumettre à un impôt spécial les *Marchés de Bourse*, sur effets publics et autres et sur denrées ou marchandises. Elle exige qu'on emploie des feuilles timbrées pour la conclusion de ces marchés faits en Bourse. Puis, elle déclare qu'une action en justice est admise pour les marchés conclus *dans ces formes et à la Bourse, même quand ils n'ont pour objet que le paiement de différences* (art. 4).

Une pareille disposition peut paraître bien formelle, et, cependant il ne manque pas de décisions judiciaires des Cours italiennes admettant l'exception de jeu. Parmi elles, il en est qui déclarent que la loi ne fait que présumer le caractère sérieux des opérations conclues dans la forme légale, d'autres décident que l'action en justice peut être refusée, lorsque les marchés sont dans une telle disproportion avec les ressources des parties que cela exclut l'idée d'une opération sérieuse [1].

En *Angleterre*, une loi de 1734, faite d'abord pour trois ans, et renouvelée, à l'expiration de cette période, pour un temps illimité, connue sous le nom de *Sir John Barnard's act*, et intitulée : *Acte destiné à prévenir l'infâme pratique de l'agiotage*, prohibait les marchés à terme faits à découvert et frappait de peines ceux qui y participaient. Ces dispositions furent limitées par la jurisprudence aux marchés sur les fonds publics anglais. La loi de John Barnard fut abrogée par une autre loi de 1860, comme restreignant sans nécessité la faculté de faire des marchés sur les effets publics. Ainsi, les marchés à terme ne sont plus prohibés en Angleterre. Mais l'exception de jeu n'est-elle pas admise, si les juges reconnaissent que le marché est fictif? Une loi de 1845 (8 et 9 Victoria, C. 109) déclare sans valeur les contrats ayant les caractères du jeu ou du pari. Cette loi a été parfois appliquée par les tribunaux anglais à des opérations qualifiées de marchés à terme, quand il a été reconnu que les parties avaient seulement voulu recevoir ou payer des différences. Mais les tribunaux anglais sont devenus de plus en plus difficiles pour l'admission de l'exception de jeu. Actuellement, la jurisprudence considère que, dès qu'il s'agit de marchés reconnus par les usages et règlements du *Stock Exchange*, les

---

[1] Consulter sur la loi et la jurisprudence italiennes, Vidari, *Corso di diritto commerciale*, t. IV, p. 441 et suiv., *Affari differenziali*.

courtiers (*brokers*) peuvent toujours obliger leurs commettants à les exécuter.

Après ces indications générales sur les principes admis dans les pays étrangers, nous devons revenir aux délibérations de la Commission.

Un membre a fait observer que des spéculations analogues à celles qui se font sur les valeurs mobilières et sur les marchandises ont parfois pour objet des immeubles, particulièrement des terrains, et qu'il serait logique d'étendre la règle admise dans l'alinéa 2 de l'art. 1er du projet à ces opérations. La majorité a pensé qu'il fallait les laisser de côté. La Commission n'a été constituée que pour s'occuper de négociations de valeurs mobilières ou de Bourse, et c'est même en étendant un peu ses attributions qu'elle a compris dans ses résolutions les marchés sur denrées ou marchandises. Du reste, aucune plainte ne s'est élevée, à notre connaissance, sur l'application de l'exception de jeu aux opérations immobilières.

La reconnaissance légale des marchés à terme conclus par les agents de change permetra au Gouvernement de tenir la promesse faite par l'art. 90 du Code de commerce. Cet article annonce qu'il sera fait un règlement d'administration publique sur les négociations des valeurs de Bourse. Les gouvernements, craignant d'avoir à se prononcer sur la question litigieuse de la validité des marchés à terme, ont négligé jusqu'ici de faire ce règlement et n'ont même pas approuvé expressément les règlements faits par les chambres syndicales d'agents de change dans lesquels il est question de ces marchés. Rien ne s'opposera plus désormais à ce que l'article 90 du Code de commerce soit exécuté. L'article 4 du projet de la Commission décide que les conditions d'exécution des marchés à terme par les agents de change seront fixées par le règlement d'administration publique prévu par l'article 90 du Code de commerce.

On a souvent prétendu qu'afin d'éviter les abus de la spéculation, il serait bon que la loi obligeât les agents de change à se faire remettre ce que dans l'usage, on appelle une *couverture*. La Commission a reconnu à l'unanimité que la loi n'avait pas à imposer aux agents de change cette obligation. Il y a là une sage mesure de prudence ; mais il importe de la laisser prendre librement par chacun à ses risques et périls. En ces matières, une règle absolue serait mauvaise. Tout doit dépendre de la confiance qu'inspire le client et de la nature des valeurs.

Plus la liberté des transactions est grande, plus il importe que la répression des manœuvres frauduleuses soit assurée. Aussi serait-il utile de faire cesser un doute qui s'est élevé à propos de l'article 419 du Code pénal. Cette disposition a pour but principal de punir les manœuvres frauduleuses tendant à faire varier les cours ; elle parle des cours des *effets publics* et des *marchandises*. On en a parfois conclu que, la loi pénale devant être interprétée restrictivement, les peines de l'article 419 sont inapplicables à ceux qui usent de fraudes pour faire varier les cours des effets non publics, telles que les actions et les obligations de Sociétés. Cette opinion, qui a même été consacrée par un arrêt de la Cour de Paris du 1er juin 1843, est assurément fort critiquable ; le mot *marchandises* qu'emploie l'art. 419 est très compréhensif et peut être entendu comme embrassant les valeurs mobilières de toutes sortes. Il est peu probable qu'aujourd'hui la doctrine de l'arrêt prévaudrait devant les tribunaux. Il importe toutefois d'éviter, pour l'avenir, toute difficulté, et, pour bien montrer qu'en présence de fraudes caractérisées, les tribunaux ne sont pas désarmés, la Commission propose d'insérer dans le projet de loi la disposition suivante, qui est de nature purement interprétative :

Art. 5. — *Les dispositions de l'art. 419 du Code pénal sont applicables aux effets autres que les effets publics.*

La Commission a dû se préoccuper ensuite, comme le questionnaire l'invitait à le faire, des règles spéciales relatives à la faillite des agents de change. Le Code de Commerce (art. 89) décide que les agents de change faillis seront poursuivis comme banqueroutiers simples et l'article 404 du Code pénal punit la banqueroute des agents de change plus sévèrement que celle des autres commerçants. Les réformes proposées par la Commission elle-même ne devaient-elles pas avoir pour conséquence logique de faire abroger l'article 89 du Code de Commerce et de faire décider, par suite, qu'il y aura dorénavant pour les agents de change une faillite simple, et que, pour être poursuivis comme banqueroutiers, il faudra qu'ils aient commis les faits qui sont constitutifs du délit de banqueroute?

Plusieurs membres de la Commission l'ont pensé et ont réclamé l'abrogation de l'article 89. Cette disposition, ont-ils remarqué, se concevait dans le système du Code; les agents de change ne devant faire d'opérations qu'après avoir reçu les titres ou les sommes ne pouvaient tomber en faillite qu'en violant les règlements de leur profession. Mais, dorénavant, on ne pourra plus alléguer contre eux cette cause de rigueur, puisqu'on les autorise à faire crédit à leurs clients, et cela même pour les opérations au comptant.

Il a été répondu que les agents de change étant des officiers publics, on devait se montrer plus sévère à leur égard qu'à celui des simples commerçants, et que la menace d'être punis comme banqueroutiers peut avoir l'effet salutaire de les rendre plus prudents dans leurs opérations. On a rappelé que, du reste, plusieurs dispositions de nos lois prononcent des peines plus élevées, pour certaines infractions, contre des officiers ou fonctionnaires publics que contre les simples particuliers. Treize voix contre cinq ont repoussé la proposition d'abroger l'article 89.

Une autre question soulevée par un membre a encore été examinée par la Commission. Elle n'a pas cru devoir la résoudre ; mais la gravité de cette question exige que la discussion à laquelle elle a donné lieu soit résumée dans ce rapport. Il s'agit de l'étendue du monopole des agents de change. Ce monopole est très ancien, et pourtant ses limites sont incertaines. L'incertitude qui existe sur elles provient de l'obscurité des termes de l'article 76 du Code de commerce qui dispose que « les agents de change ont seuls le droit de faire les négociations des effets publics et autres *susceptibles d'être cotés* ». Que signifient ces derniers mots? La question a une grande importance pratique. Toute personne peut servir d'intermédiaire pour les négociations de valeurs ne rentrant pas dans le monopole des agents de change. Au contraire, personne ne peut intervenir dans les négociations des valeurs qu'ils ont le droit exclusif de faire. Les négociations faites par des intermédiaires empiétant sur les attributions des

agents de change constituent des délits ; les tribunaux admettent
que la loi les frappe de nullité et ils repoussent toute action relative à leur exécution.

Les questions, concernant le sens des mots : *valeurs susceptibles d'être cotées*, dans l'article 76, et par suite, l'étendue du
monopole des agents de change, se sont présentées très fréquem-
ment depuis quelques mois. Selon certaines décisions judiciaires, il faut entendre par là non seulement les valeurs admises
à la cote, mais encore celles qui réunissent toutes les conditions
légales voulues pour y être admises, quoiqu'elles ne soient pas
portées sur la cote officielle [1]. D'autres donnent à l'article 76
du Code de commerce une interprétation plus restrictive, en ne
reconnaissant de droit exclusif aux agents de change que pour la
négociation des valeurs dont l'admission à la cote a été prononcée
par la Chambre syndicale [2].

Cette incertitude a des conséquences pratiques fâcheuses. Les
particuliers ne savent comment s'y prendre pour faire négocier
des valeurs non admises à la cote. Les agents de change refusent
généralement de négocier ces valeurs, et les négociations faites
par d'autres intermédiaires peuvent être déclarées nulles. Il y
aurait, selon plusieurs membres, grande utilité à faire cesser cet
état de choses. Il faudrait modifier l'article 76 de façon à ce que
le monopole des agents de change fût restreint aux valeurs admises à la cote.

La majorité a décidé qu'elle ne résoudrait pas cette question ;
elle n'en a pas méconnu l'importance ; mais elle a pensé que la
Commission ne pouvait statuer sur un point qui a avec l'institution des agents de change un lien intime, alors qu'elle ne s'occu-
pait pas de cette institution dans son ensemble.

A ce rapport, M. le Ministre, la Commission joint, sous forme
d'articles de loi, les propositions qu'elle a l'honneur de vous
soumettre. Elle a la conviction que leur adoption contribuerait à
donner aux transactions une plus grande sécurité, à moraliser le
marché, peut-être même à modérer les excès de l'esprit de spéculation, dans la mesure restreinte où la loi peut le faire sans

[1] Cour de Paris, 31 janvier 1882.

[2] Tribunal de commerce de la Seine, jugement du 25 février 1882.

porter atteinte à la liberté des conventions, l'une des conditions les plus essentielles de la prospérité financière et commerciale du pays.

PROJET DE LOI.

Article premier. — Tous marchés à terme sur effets publics et autres tous marchés à livrer sur denrées et marchandises, sont reconnus légaux.

Nul ne peut, pour se soustraire aux obligations qui en résultent, se prévaloir de l'article 1965 du Code civil, lorsque l'acheteur a le droit d'exiger la livraison ou lorsque le vendeur a le droit de l'imposer.

Art. 2. — Les articles 421 et 422 du Code pénal sont abrogés.

Art. 3. — Sont abrogées les dispositions des anciens arrêts du Conseil des 24 sepembre 1724, 7 août et 2 octobre 1785 et 22 septembre 1786, les articles 15, chapitre Ier, 4, chapitre II de la loi du 28 vendémiaire an IV, 13 de l'arrêté du 27 prairial an X, les articles 85, § 3 et 86 du Code de commerce.

Art. 4. — Les conditions d'exécution des marchés à terme par les agents de change seront fixées par le règlement d'administration publique prévu par l'article 90 du Code de commerce.

Art. 5. — Les dispositions de l'article 419 du Code pénal sont applicables aux effets autres que les effets publics [1].

[1] Ce projet a été déposé, avec le rapport qui le précède et qui lui sert d'exposé de motifs, au nom de M. le Président de la République, par MM. les Ministres de la justice, des finances et du commerce, à la Chambre des députés, le 5 juin 1882, et renvoyé à la Commission déjà saisie des propositions d'initiative parlementaire sur les marchés à terme.

Paris, impr. F. Pichon. — A. Cotillon & Cie, 30, rue de l'Arbalète, & 24, rue Soufflot.